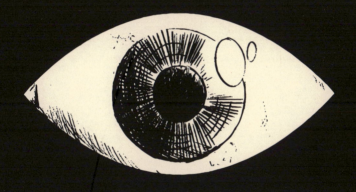

# Poesia não tem Pálpebra

EMÍLIO MASCARENHAS

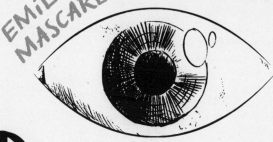

TEMPORADA

Copyright © 2022 by Editora Letramento
Copyright © 2022 by Emílio Mascarenhas

Diretor Editorial | Gustavo Abreu
Diretor Administrativo | Júnior Gaudereto
Diretor Financeiro | Cláudio Macedo
Logística | Vinícius Santiago
Comunicação e Marketing | Giulia Staar
Assistente de Marketing | Carol Pires
Assistente Editorial | Matteos Moreno e Sarah Júlia Guerra
Designer Editorial | Gustavo Zeferino e Luís Otávio Ferreira
Revisão | Sarah Guerra
Capa | Fabio Brust
Diagramação | Renata Oliveira

Todos os direitos reservados. Não é permitida a reprodução desta obra sem aprovação do Grupo Editorial Letramento.

Dados Internacionais de Catalogação na Publicação (CIP) de acordo com ISBD

M395p    Mascarenhas, Emílio

          Poesia não tem pálpebra / Emílio Mascarenhas. - Belo Horizonte, MG : Letramento ; Temporada, 2022.
          66 p. ; 14cm x 21cm.

          ISBN: 978-65-5932-190-2

          1. Literatura brasileira. 2. Poesia. 3. Poesia social. 4. Direitos e deveres. 5. Cidadania. 6. Poema. 7. Inclusão. 8. Respeito. 9. Diversidade. 10. Igualdade. 11. Bullying. 12. Direitos da mulher. 13. Denúncias. 14. Humanidade. 15. Inclusão. I. Godinho, Clarice. II. Título.

2022-2536                        CDD 869.1
                               CDU 821.134.3(81)-1

Elaborado por Vagner Rodolfo da Silva - CRB-8/9410

Índice para catálogo sistemático:
1. Literatura brasileira : Poesia 869.1
2. Literatura brasileira : Poesia 821.134.3(81)-1

GRUPO ED. LETRAMENTO

Rua Magnólia, 1086 | Bairro Caiçara
Belo Horizonte, Minas Gerais | CEP 30770-020
Telefone 31 3327-5771

TEMPORADA
é o selo de novos autores do Grupo Editorial Letramento

editoraletramento.com.br   •   contato@editoraletramento.com.br   •   editoracasadodireito.com

| | |
|---|---|
| 7 | DENÚNCIAS! |
| 8 | MÓVEIS IMÓVEIS |
| 9 | FUGITIVA |
| 10 | AMOR-PRÓPRIO |
| 11 | INCONGRUÊNCIAS |
| 12 | VIVENDO DE APARÊNCIAS |
| 13 | REFLEXOS |
| 14 | ALGUÉM CONSEGUE ME OUVIR? |
| 15 | O BULLYING NÃO TEM TRADUÇÃO |
| 17 | MAIS UM |
| 19 | A PRESSÃO DE UM LAR |
| 21 | NO APARTAMENTO |
| 23 | A SALVAÇÃO DOS ÍNDIOS? |
| 24 | O PODER TRANSFORMADOR DA EDUCAÇÃO! |
| 25 | AS SOMBRAS DO TEMPO |
| 26 | A SOLIDÃO DO OUTRO |
| 27 | PINTANDO UMA NOVA CENA |
| 28 | UMA PESSOA MÁ |
| 29 | NÃO DESISTA |
| 30 | SENTIMENTOS |
| 31 | COMO UM RIO |
| 32 | DOMINGO |
| 33 | NA RUA QUE OUVE |
| 34 | O ASSOMBRO DA TRISTEZA |

| | |
|---|---|
| 35 | EPÍGRAFE |
| 36 | O FIM DESDE O PRINCÍPIO |
| 37 | VIDA APÓS VIDA |
| 38 | INVERNO |
| 39 | O ACHAR DA SAUDADE |
| 40 | ACONTECEU POESIA |
| 41 | IRMÃOS |
| 42 | EPIFANIA |
| 43 | DIREITOS E CONQUISTAS |
| 44 | INCLUSO DIREITO |
| 45 | CORAÇÃO NÃO É TERRA DE GENTE. |
| 46 | PANDEMIA |
| 47 | MEDICINA E SALVAÇÃO |
| 48 | O TREM |
| 49 | CANÇÃO É MEMÓRIA |
| 50 | UM MILAGRE APENAS SE ACEITA. |
| 51 | EU TENHO PRESSA! |
| 52 | FLORESÇA, AMOR! |
| 53 | RECORTES NO TEMPO |
| 54 | A PALAVRA É VIDA! |
| 55 | VIZINHOS |
| 57 | SERÁ? |
| 58 | DIZ QUE DÁ! |
| 59 | A INFÂNCIA PEDE SOCORRO! |
| 60 | SAÚDE! |
| 61 | VELHOS DIAS |
| 62 | RETRATOS RECORTADOS |
| 63 | PALAVRAS DA POESIA |
| 64 | ÍNDICES |
| 65 | POESIA NÃO TEM PÁLPEBRA |

# Denúncias!

O nó que trava,
O nó que embarga,
O nó que prende
É o mesmo que sufoca.

A voz alterada,
A voz que grita,
A voz que ofende
É a mesma que aprisiona.

O braço machucado,
O braço ferido,
O braço marcado
É o mesmo que foi agredido.

A marca vermelha no rosto,
A marca roxa no rosto,
A marca de todos os dedos e da mão desenhadas
É a mesma que foi tatuada pela agressão.

Impregnado na alma,
Impregnado na pele,
Impregnado no olhar:
O sofrimento da vítima,
A marca do opressor.
Ao sofrimento só nos resta a denúncia.

# Móveis imóveis

A geladeira com a porta arrebentada,
Por suas mãos.
O fogão amassado
Por seus pés.

A porta do guarda-roupa quebrada
Por seus empurrões.
A parede marcada
Por me pôr contra a parede.

A violência doméstica não domesticada.
A minha vida em risco.

Vou embora e deixo tudo para trás?
Levo meus filhos?
Abandono do lar? Lar?
S.O.S, corro perigo!

# Fugitiva

Eu estava lá
Embaixo da cama...
Escondido,
Com medo,
Fugindo,
Ouvindo o portão de casa abrir,
Escutando seus passos entrando,
O cheiro do seu cigarro era o mesmo da sua bebida
E era o mesmo do seu mijo fétido no banheiro perto da sala.
Esqueci seu rosto, mudei meu sobrenome
Para nunca mais me lembrar de você.
Sobrevivi.

# Amor-próprio

Você cuspiu no prato de comida...
A comida que eu fiz.

Você rasgou o meu vestido novo...
O vestido que costurei.

Você me prendeu em casa...
A casa que era de minha mãe, portanto minha.

Você chegou tarde
E abriu a porta.
Pus a mesa,
Servi o jantar,
Mas pedi o divórcio.

## Incongruências

Você me traiu,
Mas disse que me amava.

Você me agrediu,
Mas disse que me amava.

Você me feriu,
Mas disse que me amava.

Você me deixou só,
Mas disse que me amava.

Você partiu,
Mas disse que me amava.

Você disse, você disse...

# Vivendo de aparências

Não tive coragem quando precisei,
Não tive armas quando lutei.
Não tive voz quando me calei,
Não tive garganta quando gritei.
Não tive direitos quando me privei,
Não tive escolhas quando não escolhi.

Não tive nada do que sonhava,
Não tive nada do que pedi.
Não tive um conto de fadas,
Não tive sonhos a construir, nem fantasias a me iludir...
Mas também não tive estudo, escola ou profissão...
Não tive nada do que imaginei que teria,
Restaram apenas as minhas palavras neste poema para você.

# RefleXos

Apanhei em casa.
Na escola bati.
Apanhei em casa.
Quando casei bati.
Apanhei na rua.
No meu irmão mais novo bati,
Mas foi quando apanhei da vida que aprendi.
Se o agredido pode virar agressor,
Quem é amado pode dar
Amor.

# Alguém consegue me ouvir?

Mamãe se calou,
Vovó e vovô também.
A igreja se calou,
Os vizinhos também.
A professora se calou,
A diretora também.
Até que ela denunciou...
Não foi a mamãe,
Não foram meus avós,
Não foi a igreja,
Não foi a professora,
Não foi a diretora.
Por quanto tempo?
Até minha melhor amiga descobrir.
Você contou?
Não, ela me conhecia bem e percebeu a tempo.

# O Bullying não tem tradução

Chamaram-me de gordo num tom de crítica
Na escola,
Em casa,
Na rua.
Na escola tem todo tipo de gente.

Chamaram-me de magro num tom de sarcasmo
Na escola,
Em casa,
Na rua.
Na escola tem todo tipo de gente.

Chamaram-me de mulherzinha num tom de ofensa
Na escola,
Em casa,
Na rua.
Nas casas tem todo tipo de gente.

Chamaram-me de preto num tom pejorativo
Na escola,
Em casa,
Na rua.
Nas casas tem todo tipo de gente.

Nas ruas tem todo tipo de gente,
Mas todo tipo de gente nos inclui,
Ou eu e você não somos gente?
Isso deveria causar estranhamento ou incômodo?

Não gosto do preconceito
Nas escolas, nas casas e nem nas ruas.

## Mais um

Por um lado, o assombro.
Por outro, risos escusos.
Num caminho há os que lutam pela vida.
No outro há os que brincam com a morte e riem do pranto.
Como consolar com voz de acalanto se quem morre é inocente e já não há quem console o negro pranto? Onde mora a mãe preta do cerrado?
Como justificar mais uma vítima ou como acusar mais um? Mais quantos?
De morte matada, de morte ferida, de morte inventada, de morte vencida.
A guerra que cresce, a fome que cresce, a taxa de morte que cresce e o noticiário é o mesmo: "morre menino vítima […]",
"O dólar em alta […]",
"A queda da bolsa […]",
"O homem já pisou na lua […]."
Mas continua o mesmo, pior, ainda estamos em quarentena.
Da escrita se faz forte a pena?
O desemprego das palavras ditas,
O mau sustento da poesia lírica,
O criticismo da poesia crítica,
A marginalidade e a prostituição da escrita.
Convencer a quem? De quê?
A favor ou contra? Por quê?
A notícia no jornal é sempre a mesma...
E eu desligo a TV,
Talvez também me desligue já que não quero ver
Mais um.

O que vocês estão fazendo?

Filmaram a violência,
Enquanto eu gritava
Filmaram.

Filmaram a atitude,
Enquanto os joelhos me machucavam
Filmaram.

Filmaram minha fala
Quando sem ar eu clamei,
Filmaram

Filmaram
"*I can't breath*", "*I can't br* [...]"
Filmaram.

Filmaram
E eu morri,
Mas filmaram.

# A pressão de um lar

Cuidado, mulher, quando não casa, fica pra tia!
Toda mulher foi feita para casar?
Nem todas, mas você, sim, minha fia.

Cuidado, mulher, quando não encontra um marido, não é bem vista!
O único objetivo na vida deve ser esse? Encontrar um marido?
Não precisa ser o único, você pode ser uma mãe, casada, e bem quista.

Cuidado, mulher quando mora só, pode virar mulher da vida!
Toda mulher que mora só precisa ter essa sina?
Não, nem todas, algumas terão muito mais difícil a sua lida.

Cuidado, mulher que não costura, não lava e nem passa ou cose as roupas do marido e não é parideira o homem trai.
Toda mulher tem que ser mãe, lavar, passar, coser? E se a madre for infértil ou se simplesmente a mulher não quiser? E o meu querer?
Não, fale assim, que isso atrai, você pode não ter para o seu filho um pai.

Cuidado, mulher que não sabe cozinhar perde o marido para outra que sabe!
E se eu não souber cozinhar? E se ele quiser cozinhar?
Não diga bobagens, os homens foram feitos para trabalharem fora, isso a ele cabe.

Cuidado, mulher que fica livre e solta não pode ser feliz e nem vai ter quem a sustente.

E se eu não quiser esse aprisionamento? E se eu quiser escrever, ser professora, enfermeira, dentista, fotógrafa ou uma excelente advogada?

Não aguento esses seus questionamentos, onde já se viu?

# No apartamento

No dia em que ela partiu
Meu coração sangrou,
Ficou vazio o ninho.
Chorei como um menino,
No dia em que ela partiu.

Depois de alguns dias que ela partiu
Repensei tanta coisa
Não enxergava onde eu havia errado
Senti raiva como um leão voraz.
Tinha sede de vingança
Depois de alguns dias que ela partiu.

Quando completou um mês desde que ela partiu
O silêncio, a ausência, a tristeza e a sofreguidão,
Na saudade sentida, ainda não me faziam entender o real sentido da palavra saudade,
Quando completou um mês desde que ela partiu.

Quando já havia desistido de contar quantos dias,
E decidi me olhar no espelho, vi alguém,
Alguém que eu não conhecia mais
Que nem ela conhecia,

Quando me reconectei comigo mesmo
Percebi onde errei,
Tive coragem de ligar e liguei.
Tive coragem de pedir desculpas, ouvi, falei.

Resolvemos tentar novamente, mas isso só se deu por que eu mudei,

Quando me reconectei comigo mesmo e percebi onde errei.

# A salvação dos índios?

Não me catequiza que eu tenho religião!
Não me catequiza que eu não sou pagão!
Se religião é *religare* eu sei o que é essa conexão,
Conecto-me com a natureza que de Deus é uma revelação.

Não me catequiza que não vou para o inferno por não praticar sua adoração!
Não me catequiza porque ando nú e te causo aversão!
Talvez eu incomode por lembrar da sua Eva e do seu Adão,
Que eram casados e largaram-se a mercê da plantação,
Que ouviram a voz da serpente e caíram em tentação!

Não me catequiza, nem escraviza, que não sou sua propriedade!
Não nos obrigue a nada que essa terra em que pisas é nossa, "Vossa Majestade".
Índio conhece a terra, dela caça, pesca, dela come e nela produz.
Índio tem família, tem casa, tem nome e no céu tem a luz.
Mas homem não sabe de nada, mata e destrói, tudo em nome de Jesus.
Onde está tua *religare*? A quem ela conduz?

# O poder transformador da educação!

O manifesto é incoerente:
Se sair morre gente,
Se sair matam a gente.

O manifesto já foi feito,
Pela razão a emoção calou-se,
Falou mais alto a resignação.

O manifesto pretendia,
Despretensiosamente... convencer,
Mas olha para a cor da minha pele, dá para entender?

O mundo tá louco,
Em letreiros vou escrever:
Parem de nos matar, deixem-nos viver!

Mas a raiz do problema está em casa,
No solo aonde o preconceito se reproduz
E na falta de consciência.
Não é com violência que nada se conduz.

Para resolver este ou qualquer problema é necessário vencer um dilema...
A educação é quem faz e flui, se ela é refletida e pensada um novo céu traz e traduz,
Como a esperança que não se vê, mas sabe-se que ela está ali para nos reanimar a lutar e vencer pela inteligência em ser quem se é e ser o melhor que se pode ser!

# As sombras do tempo

Comendo das sobras.
Engolindo as migalhas.
As mãos que temperavam
Não eram as mesmas que comiam.

Escravos excluídos pela cor da pele,
Considerados inferiores, pior que a plebe,
Mas não adiantava chorar se a todo tempo isso acontecia...
Buscávamos um mundo melhor, acreditávamos em um ser humano maior
Aquele que nascia e brotava de dentro de nós lutando por igualdade e justiça.

Às vezes desistimos de nós mesmos, mas não devíamos.
Às vezes nós nos quebramos por dentro, mas é em defesa própria.
Precisamos usar da imaginação para sobreviver, mas precisamos enxergar mais além do que nossos olhos podem ver.
Precisávamos fugir daqueles que nos perseguiam e fugimos.
Livres!

# A solidão do outro

Quando se é solitário e as pessoas fogem de você,

Você não encontra refúgio, colo ou consolo, parece que ninguém o vê...

Como uma sombra imóvel, de um móvel em frente à TV, todos passam... sem perceber.

A solidão que carregas em tua face taciturna, deveria fazer-nos gostar mais de você, mas nem percebemos quão triste e profundo você é.

Essa solidão que te encobre e essa sombra que te envolve poderiam ser banidas?

Talvez se nós nos reuníssemos e enxergássemos além das nossas próprias feridas a dor do outro que silente chora e clama por companhia, abraço e atenção.

Dedicar-nos-emos mais à afeição? Estancaremos sangrado coração, a tal ferida pela dor da solidão?

Por que não? Por que não?

E as lágrimas viram elogios de gratidão.

# Pintando uma nova cena

Para uma mente criativa e solitária a noite pode ser uma aventura a ser desbravada,
Um cenário épico de reinos encantados e um terreno onde surgem monstros e fadas.
Se a sombra das velas relembra-me o vento uivante dos lobos lá de fora,
As cortinas quando balançam fazem estremecer o meu chão e arrepiam-me os poros até o chegar da aurora.
Quando me deixaram a sós no quarto escuro,
Imaginei perigos, as sombras nas paredes talvez fossem muros,
Castelos fui construindo e quebrando os monturos que me cercavam a mente...
Imagens poéticas, da luz, do sol nascente,
O esverdear dos olhos claros nas plantações que crescem
O arco-íris que brilha e ilumina o campo de cevada na estação arbórea fora de época,
É tempo de florir a imaginação.

# Uma pessoa má

Grita,
Ordena,
Magoa,
Condena,
Mente,
Finge,
Cria muitos problemas.

Pessoas boas podem ser más, às vezes,
Pessoas más podem ser boas?
Nem sempre.
A bondade é um reflexo divino.

## Não desista

Do amor,
Do calor,
Do afago,
Do bom sabor,
Dos abraços,
Do seu valor,
Não desista...

Nem do romantismo
Nem das aventuras do amor.

# Sentimentos

Coisas quebradas,
Pessoas feridas,
Almas desprezadas,
Entranhas partidas.

Rimas pobres rimadas,
Rimas ricas esquecidas,
Versos nobres desperdiçados
Nas palavras nunca proferidas.

Sentimentos à prova,
Provas em sentimentos,
Mensagens escritas
Jogadas ao tempo.

As marcas que eu não via
Nas sombras do pensamento.
A paz de quem cala
Nem sempre é consentimento.

## Como um rio

Vou fazer uma confissão:
Não sei se quero a vida,
Não sei se dela faço questão,
Mas se a tenho vivido, vivo-a vivendo
Como quem ama, mas isso é meio sem razão.
Vida desprezada amada sem emoção.
Com que vida vou vivendo?
Em qual sentido ou direção?
O rio só corre para o mar.
O rio é minha direção.
E eu que nunca soube nadar, como viverei então?

# Domingo

O meu cachorro dorme na porta do vizinho.
Elevo os meus olhos para os céus,
Vejo sobre os fios dos postes os passarinhos.
Meu cachorro abre o único olho que possui...
O outro fora lhe tomado há muito tempo.
Levanta seu pescoço, olha para trás e deita-se novamente.

Os pássaros catam as migalhas do chão,
Um saco balança com o som do vento,
Uma moto passa, volta o silêncio.
Ouço um pássaro cantar,
Há outro que responde.
No meio da tarde para o fim eles se banham na areia.

# Na rua que ouve

Uma varanda,
Uma vizinha,
Outros vizinhos.
Vozes ecoam pelas ruas vazias
Já são mais de três meses de quarentena...
Ainda existe a pandemia.

A vizinha fala ao telefone,
Eu no computador escuto a conversa.
Ela diz que engordou,
O primo viajou para Holanda...
Talvez fique por lá.
Ainda existe pandemia.

Eu também engordei, mas pouco.
Parece que a única coisa que ganho é barriga.
Três meses dentro de casa.
Desempregado há sete.
Eu estou no Brasil
E ainda existe a pandemia.

Ele na Holanda, nós no Brasil, ela na varanda.
Os vizinhos nas ruas.
A rua ouve.
Ainda existe pandemia.

# O assombro da tristeza

Entristeci-me de verdade, é fato
Desde ontem à noite,
Talvez pelo isolamento, por andar descalço
Na fria noite do meu quarto.

Entristeci-me com uma tristeza tanta
Que pensei em deixar de lado meus sonhos
Talvez parasse de escrever, isso me espanta...
No dia frio que tanto me incomoda como me encanta.

Entristecer-se é um verbo que me adjetiva
Mas que culpa tenho eu do isolamento que se deu?
Do desemprego que me absorveu em meses de insônia?
Entristeci-me com uma tristeza estranha, como quem não sonha.

# Epígrafe

Quisera escrever,
No início homenagear.
Quem sabe entender...
Um pouco até explicar,
Mas o que se há de dizer
Sobre os prenúncios poéticos que escrevi?
Usar da metalinguagem?
Falar dela, falar de mim?
Será que nela me desnudo
Ou apenas a uso para este fim?
Ler a poesia que nem sempre é sobre mim,
Talvez nunca fosse, mas sobre o que eu sinto ou vejo através dela
Que se escreve:
Epígrafe poética: revele-se.

# O fim desde o princípio

Encomendaram-me um poema,
Um poema que falasse de amor.
Era para uma festa de noivado,
Um noivado que se acabou.

Eu fiz o poema, dei de presente aos noivos.
Eles se reuniram, fizeram festa, mandaram foto até do bolo.
Ela estava de branco com véu e grinalda.
Ele desistiu de casar, depois de um tempo entendeu a causa.

Não fora pelo vestido branco de noiva visto antes do tempo,
Não foi pela poesia que ele não escrevera,
Contudo pela falta de amor num pedido de casamento,
Pois tomara emprestado dos poetas o mais importante:
o sentimento.

## Vida após vida

Deixa-me nascer de novo
Quem sabe assim eu compreenda
Deixa-me nascer de novo,
Talvez dessa vez eu entenda.

Que sorte malograda!
Que pobreza horrenda!
Quisera nascer de novo,
Mas não pela riqueza, apenas.

Deixa-me nascer de novo!
Quem sabe seria mais sábio?
Se não tanto, talvez meus pais o fossem,
Quem sabe eu nem nasceria, não que eu não quisesse.

# Inverno

Às vezes nos sentimos tão pequeninos,
Menores que um grão de areia perdido no vento.
Quisera fosse tristeza só pensamento
E não nos incomodasse tanto em nosso canto.

Dessa pequenez que vos falo,
Há pensamentos vãos que vem e calo.
Há sentimentos fortes que exalam,
Mas há um ressoar de paz que canta.

No som do vento, da chuva, do revoar das plantas.
É vento que assovia, chuva que pinga e árvore que dança.
Quem dera essa tristeza tanta passasse como uma estação
de inverno.
Donde será que essa tristeza vem e por que ela me alcança?

Quisera o inverno fosse primavera,
O outono fosse primavera,
O verão fosse primavera,
Mas o ano não tem só uma estação, ainda bem que não.

# O achar da saudade

Acho que voltei a ser triste,
mas eu nem queria,
Sinto mesmo falta de abraço,
De me embalar na sua calmaria
Daquele aconchego só nosso,
Do cheiro no cangote, de te xingar de "troço"
De te agarrar enquanto você lavava os pratos...

Acho que essa pandemia mexeu comigo
Como dizem ando tão... à flor da pele...
Qualquer coisinha eu tô chorando...
Saudade resumiria tudo o que estou passando,
pensando, imaginando, sentindo.
Saudade.

# Aconteceu poesia

A poesia dos mistérios
Que desvendo, que venero
Mais do que eu supunha, mas do que espero.

Conhecimento aquém, que esmero.
Necessidade vem e eu espero
Saber mais de poesia e eu quero.

Buscando na filosofia os segredos
Da mais pura magia
E das palavras os desejos.

Vou escrevendo sem medo de ser feliz
Como quem fala, como quem quis.
Fui lá e fiz.

# Irmãos

Vejo o mundo e estou cego,
Não o desvendo por que não o enxergo.
As pessoas estranho-as todas, não nego.
Falta caridade, respeito, empatia.
Há quem se mexa, esboce um bom dia,
Mas tenho queixa da grande maioria.

Pensei em ir à delegacia, mas não adiantaria...
Prender a desumanidade? Quem sustentaria?
Prefiro andar descalço e saber onde estou pisando.
É muita máscara, fantasia, carnaval e vamos pulando...
Pulo evitando, descalço vagueando, sempre procurando
Um caminho mais seguro para ir trilhando longe do desumano.

Se acaso me preocupo isso soa como insano...
Raridade hoje em dia, mas incomoda quem não faz e nem faria.
Ganhar bolsa de estudos ou uma consulta grátis?
"*Taisx*" brincando!?
Dez minutos seus são mais de duas horas eu falando.
Mas você é conhecido e famoso e eu sou versador de prosa, esposo...
Já dei muita aula pra ganhar meu pão, hoje vendo mercadoria,
"vai levar, irmão"?

# Epifania

Se eu tiver grandes ideias a quem devo contar?
Talvez deva calar-me para não os espantar...
Criativamente, criar.

Se eu me esquecer das minhas ideias, como irei lembrar?
Talvez devesse anotá-las para não deixar escapar...
Assertivamente, anotar.

Se eu me perder nas minhas epifanias, promete me não
se incomodar?
Talvez isso seja uma cilada para não deixar de pensar...
Consecutivamente, realizar.

# Direitos e conquistas

As mulheres não deveriam se sentir indefesas, nem incapazes,
Nem os homens, os mais frágeis.
Há beleza na força e na luta, na conquista por igualdade...
Se nós acreditarmos que somos capazes.

Sem preconceito com cor, sem preconceito com idade,
Sem excluir por causa de religião, muito menos por causa da sexualidade,
Mas há uma indignação por causa da disparidade.
Fata respeito, falta amor, falta inclusive equidade.

Os direitos deveriam existir para quem quer que fosse.
Lutar para conseguir algo não é tarefa muito doce...
Verdade seja dita: a vitória é de ouro uma pepita,
Preciosa para quem luta, mais ainda para quem conquista.

# Incluso direito

Surdo não ouve, mas pode ler e ver.
Cego não olha, mas pode ouvir, sentir e tocar.
Cadeirante não anda, mas pode sair e chegar.

Necessidades adaptadas para poder melhorar
Acessibilidade vai além de opinião,
Necessidade básica de qualquer cidadão.

Se incluo, adapto, explicito, pratico a inclusão.
Se não enxergo, cadê o braile escrito e alguém que ensine na instituição?
Onde estão os intérpretes de libras com as mãos em ação?

Empresas e escolas pensam nisso antes da construção?
Parem as obras! Olhem a legislação!
Direitos e deveres em qualquer nação.

Viva a diversidade, ponha isso na inclusão!

# Coração não é terra de gente.

Falaram certa vez que coração é terra que dá semente,
Mas quem planta colhe o que sente?
E se a semente plantada for posta em coração alheio,
Sou eu quem colho ou isso é um devaneio?

Certa vez plantei amor e colhi tempestade,
Senti a dor de uma eternidade.
Distante de ti, sem consegui entender,
Meu coração apertava, pensei que ia morrer.

Devagar o coração bateu, quase, quase que parou,
Foi por pouco que ele não morreu louco de amor.
Ah, coração bandido que por ti se apaixonou.

# Pandemia

Olha a pele, olha, Matheus,
Olha a minha pele disse o bíblico-ateu.
Seu nome é bíblico? O meu também!
Só que motoboy crente não humilha ninguém.

É sempre isso, a cor da pele, o nível de estudo,
Quanto se ganha, quanto se herda e o dinheiro sempre um escudo.
Quem é que fiscaliza? Quem é que governa?
Quem não legaliza que não é o dinheiro que te libera?
Avançamos em anos, mas agimos fora dessa esfera.

Há devoradores de sonhos, alguns assassinos virando advogados.
Há destruidores de autoestima e ainda tem quem mata aos
pais sendo consolado,
Tem até jogador que não joga mais por milhões ainda agora
sendo contratado.

Injustiça dentro e fora, uma verdade que não se explora,
nem se apura.
Uma sociedade que não se apavora diante da morte de cem,
nem da ditadura.
Mesmo sendo mais de cem mil, parece que ninguém se importa...
Se um abraço já faz falta, imagina mais de cem mil sem volta?

Os dias passam, esperamos sem resposta.
Economia cai, mas levanta, há propostas.
Um egoísmo que parece que ninguém se importa.
Dos interesses envolvidos a verdade é então exposta:
Mesmo em lockdown há apenas quem só abaixe as portas.

# Medicina e salvação

Já foram tantas horas passadas e esquecidas
Que eu já esqueci que dia é ou que horas são.
Sou obrigado a reencontrar-me comigo mesmo,
Nesse abismo que me encontro, nessa solidão.


Vi uma imagem em sombras refletida no velho espelho
E talvez por medo eu quisesse me esconder, talvez por obrigação,
Mas tive que reconectar-me com o meu outro eu que esperava
uma solução.
Vi fantasmas antigos, gente que não enterrei,
Ouvi vozes antigas de memórias as quais nunca apaguei.


Limpei um guarda-roupas, arrumei várias gavetas, parei de
me exercitar
E li um livro, talvez dois, quem sabe três...
Cheguei a achar que enlouqueceria em meio a esse caos,
E enlouqueci de vez.


Enlouqueci talvez por pensar demais, foram tantos
questionamentos:
E se não houver emprego? E se fechar a padaria? E se eu
ficasse doente, quem me socorreria?
Talvez quem estivesse na linha de frente pudesse me estender
a mão,
Penso que os médicos e enfermeiros entenderam melhor a
real situação...
Ah, quem dera pudéssemos juntos encontrar a solução:
Ciência e tecnologia.
Medicina e salvação.

# O trem

Entre linhas os ferros, ferrugem, sol e o som.

Caminhos, estradas estreitas, trilhos no céu em pasteis tons.

Comprido e longe é o nosso destino

E lá fora há o tempo e o pó numa tristeza sem sentido.

Passa na janela apenas um menino.

Vejo nuvens, aos lados e entre postes e fios há um rio,

Nessas linhas em que viajo sem saber qual o caminho e nem para onde vou

No espelho do vidro vejo o reflexo de uma lembrança de quem não mais sou...

Só me resta você!

Entre linhas a fumaça, entre linhas um vagão, entre linhas um ponto.

Entre linhas a estação...

... chegou a hora de descer.

# Canção é memória

Tentei cantar, não consegui.
Ergui minha voz, tentei me ouvir.
Inútil timidez que me aprisionava.
Um talento que escondia e não enxergava:
Que ele estava dentro de mim e precisara sair.

Ah, quantas vezes me calei sem deixar minha voz eclodir!
Mas se não desafinei, por que tamanha timidez?
Talvez os críticos de plantão me deixassem com vergonha,
Talvez as críticas me fizessem esquecer como se sonha,
Mas e se o meu canto fosse só lamento
Alguém se incomodaria com o meu sofrimento?

Contudo se quando canto meus males espanto,
Minha voz ecoando seguiria disfarçando e aparentaria ser mais feliz?
Será que esqueceria dos problemas e pensaria apenas no que a música diz?
Mas se música é fala cantada, voz de acalanto, poesia rimada externada ainda que pranto.
Por que me calaria e esconderia meu canto se a voz de quem canta é lembrada em qualquer canto?

Na verdade, pranto não cantado não é ouvido,
Já pranto disfarçado pelos outros não é sentido.
Talvez entoando um fado o fardo seria diminuído,
Talvez fosse lembrado ou como uma canção antiga
Talvez fosse esquecido.
Canção é memória e ouvido.

# Um milagre apenas se aceita.

A cada pulsar do meu coração
Sinto teu toque me abraçando.
É o teu amor circulando
Em células vivas de amor aqui dentro pulsando.

A cada pulsar do meu coração
Vejo a energia que gira,
A vitalidade que inspira,
A cada pulsar uma nova emoção!

A cada pulsar do meu coração
Percebo o milagre que sou,
Vejo o desafio da gravidade que no sangue circulou
A cada batida e pulsar de meu coração.

Sei que milagres não se explicam
Apenas se aceitam, mas há quem não acredite
Que um milagre existe,
A cada batida e pulsar do meu coração.

Quem espera só por milagres
Poderá não ter a emoção
De perceber que tantos milagres existem
A cada pulsar do seu coração.

# Eu tenho pressa!

Quando minha filha me pergunta:
Mãe, que gente é essa?
Quando a vejo sozinha num canto
Percebendo que sua pele causa espanto.
Eu tenho pressa!

Eu tenho pressa
Quando percebo que a minoria continua padecendo,
Eu tenho sede de igualdade para todo aquele que vem sofrendo.
Minha cor não te interessa?
Eu tenho pressa!

Espero que a minha pressa não me impeça de acreditar,
Que a minha pressa cheia de dor não faça eu me calar,
Mas que a minha pressa seja sempre uma prece lutando para igualar
Todos os nossos direitos!
Eu tenho pressa!

# Floresça, Amor!

Por onde for
Floresça amor.
Seja quem for,
Por onde for
Floresça amor.

Apesar da dor,
Na luta de se viver,
Floresça
E que o amor
Renasça em você!

# Recortes no tempo

Fiz um recorte no tempo
Sem esquecer que breve é o momento,
Sem pensar só na dor, tristeza e sofrimento,
Mas alimentando a esperança de um novo dia, um novo alento.

Viver para agradecer, lembrar o que é viver.
Ser um auxílio a quem precisa e um abraço para quem perdeu,
Compadecer-se do outro e ser luz em meio a um breu.
Viver de verdade com quem se vive, sem esquecer-me de uma pergunta: "e se fosse eu?"

Talvez esse recorte seja atemporal,
Talvez essas notícias nem tenham aparecido no jornal,
E em meio a esse vendaval, onde muitos nem sabem para onde ir,
Que a esperança em nós reviva e nos faça novamente sorrir, apesar do tempo.

# A palavra é vida!

Sou a palavra que não quer partir,
Sou a palavra viva que precisa fluir.

Lá estou nos becos escondidos entre um livro e outro,
Nas prateleiras das livrarias, nos olhos de quem lê um pouco.

Vou virando frase, vou tecendo a rima,
Vou driblando os entraves e domando pela crina.

Se da vida levo um coice e de queda vou ao chão
Do mesmo modo me levanto, arrumo a cela e tomo outra direção.

Há um caminho em cada palavra, em cada caminho uma solução.
Nem sempre o fim é a mesma estrada, às vezes é o início de
uma nova situação.

Sou palavra viva que insiste em não morrer e não serei mais
nada, enquanto eu aqui viver, pois palavra é vida e assim
quero permanecer.

# Vizinhos

Tem vizinho que incomoda a gente.
Tem vizinho que é inconveniente.
Tem vizinho que ouve som alto.
Tem vizinho que quando sai até canta o asfalto.

Tem vizinho que não tem nenhuma educação...
Grita, fala alto, ouve som o tempo todo, é uma perturbação.
Tem vizinho que incomoda mesmo, seja qual for a situação...
Bom mesmo seria o vizinho ter um pouco mais de noção.

Se o vizinho me incomoda como reagir nesta ocasião?
Mudo de casa, ignoro, aumento mais a televisão?
Caso dê queixa na polícia acaba ou aumenta a confusão?
Ô gente que incomoda ainda mais se em construção.

Já reparou que tem vizinho que não pensa no outro nem nos
dias mais escuros?
Bate cama, arrasta móveis, não tem dia e nem tem hora e por
tudo faz festa?
Sobe escada fazendo tanto barulho, na pia os pratos parecem
uma discoteca...
Nossa quanto barulho, vizinho, vou ter que aumentar da mi-
nha casa o muro.

Talvez noutro bairro a vizinhança seja melhor, talvez eu seja
quem faça barulho.
Como ser um bom vizinho sem atrapalhar quem está do outro
lado do muro?

Talvez você se se mude, talvez eu me mude, talvez o próximo seja outro pior.

Ah, vizinhos que se odeiam, mas não vivem sozinhos, façamos todos o nosso melhor!

# Será?

Será que na capital as coisas seriam bem melhores que aqui?
Ou será que no Sul há mais ordem e progresso? Para onde devo ir?
Que direi eu ao meu Nordeste? E se regresso? O que vou
dizer para minha gente?
Nesta situação limitante confesso, senhores, está difícil viver
alegre e contente.

Porém não desanimo de ter e alimentar a esperança,
De fazer a minha parte e construir mais confiança.
Talvez você esteja se perguntando o que fazer com o passado?
Que vire lembrança!

Sem me esquecer de onde vim,
Mas lembrando aonde quero chegar,
Vou viver no Norte, no Sul, ou em outro país...
Ou aqui, como desejo, verdade, não há como negar.

Contudo me movo para onde a oportunidade surgir,
Quero novos rumos galgar e se puder ser aqui, aí sim, vou
me realizar.
Amo meu povo, minha raça e cultura, amo meu país
Mais do que qualquer outro, que loucura!

Espero que aqui sejamos mais realizados e bem mais felizes,
Tem gente que pensa em ir embora de vez, querem fugir das
suas raízes,
Mas se eu puder ficar, seja no Nordeste ou no meu Brasil, por
favor aqui me deixe,
Confesso que não existe lugar no mundo em que eu mais
gostaria de estar.

# Diz que dá!

Na minha terra tem palmeiras, tem até o sabiá,
Mas aqui também tem praia, verão, piscina e no céu um estrelado luar,
Dizem até que tem uma Suíça brasileira, um céu de Veneza,
Comidas típicas americanas, italianas, africanas e até mesmo a própria brasileira.

Ah, o meu feijão com arroz, farinha e ovo frito!
Ah, o queijo da praia, a água de coco e o tempero vendido no grito:
"Alface, quiabo e tempero verde!"
Tem também o picolé de água pura, que ninguém quer, e o sorvete!

Oh, Ilha de Vera Cruz, terra em que se plantando tudo dá!
Aqui não sou amigo do rei, mas tenho esse imenso mar,
Tenho o sol e a brisa que são minhas companheiras
Tenho a esperança vislumbrada no sol que se põe e a pele aformoseia.

Não me levem embora daqui,
Ó progresso que não chega logo de vez...
As oportunidades todas não foi Deus quem as fez?
E se Deus negar, que direi para vocês?

# A infância pede socorro!

Dez
Anos
Tenho
De fato, me contive...
Não sei, só sei que me contenho...

Seis
Anos tinha...
De fato, não me lembro...
Não sei... o que? Membro?

Onze
Teria...
De fato, sem querer mãe seria,
Mas não queria,
Na verdade, nunca quis...

# Saúde!

Socorro
Um atendimento preciso
Será que corro perigo?

Uma urgência que nem sempre é atendida de imediato
Para pessoas menos favorecidas é a única opção.
Aguarde, por favor, é que ele é prioridade, o senhor não!

Particular ou convênio, senhor?
Redirecionando o seu atendimento!
Infelizmente só aceitamos em espécie, os pagamentos.
Valores? Depende do procedimento.
A taxa no cartão é porque não tem desconto de à vista!
Divide, senhor, mas entra juros do cartão, não é culpa da clínica.
Atendimento por ordem de chegada, do médico e às vezes ele atrasa.

Particular ou convênio, senhor?
Liberado pelo plano só a partir do próximo mês,
Ainda não temos agenda aberta...
Não, o senhor liga e daqui um mês e agendamos.
Obrigada pela compreensão!
Sem vagas para este mês!

# Velhos dias

O tempo tem passado rápido,
Não as lembranças.
Quisera ter novamente os sonhos
E inocências da infância...

Viver despreocupadamente
Sem me importar com o mundo hostil.
Ter o apoio dos pais, hora do recreio,
Tempo para brincar e falar as coisas sem receio.

Oh, como eu gostaria de ser criança outra vez,
Sem maldade ou malícia, brincando de ladrão e polícia,
Comendo os doces e ouvindo a Patrícia no rádio e na tv.
Quem dera o tempo congelasse e ninguém viesse a envelhecer.

Mas o tempo passou, eu e você crescemos,
Somos os adultos que muitas vezes não queremos,
Obrigados pela necessidade de se lutar para viver,
Buscamos o conforto no que ainda havemos de ser, talvez ter.

Será que estamos deixando de viver?

# Retratos recortados

No recorte do tempo em que esperamos
Ansiamos por respostas, mudanças e novos planos.
Descobrimos que somos os responsáveis pelo que sonhamos
E vamos vivendo e superando cada etapa apesar dos danos.

Recortes da vida, coisas que nem sempre vivemos ou presenciamos,
Coisas que às vezes não nos demos conta, mas acompanhamos.
Ver o processo de recomeçar do zero dentro de cada ser humano,
E tirar força de onde não se tem, recriando uma nova realidade para ir além.

Precisamos buscar sentido em meio a um mundo perdido,
No lugar do outro deveríamos nos colocar,
Tendo em mente esse objetivo, a dor do outro talvez fizesse sentido,
E vidas poderíamos transformar pelo poder da palavra ACREDITAR.

Recortes da vida num espaço de tempo,
Numa história lida espalhada aos quatro ventos.
Se uma poesia é vista, há sonho e renascimento.
Novas histórias seriam escritas com o poder dos versos no pensamento.

## Palavras da poesia

Transformando sempre que possível a realidade presente,
No eterno lirismo das palavras que só sabe quem as sente,
Farei sempre poesia, ainda que alegre ou descontente,
Inquieta e voraz, num solo, como uma frágil semente
Que morre e nasce todo dia dentro do coração da gente.

# Índices

Se há a falta de pão que consome,
Beira à morte o quem tem fome
Assim como quem não dorme
Ainda que sinta sono, esvai-se a esperança no abandono.

Dir-se-ia que Deus se esqueceu de nós?
Apregoaríamos revolta ou um sentimento atroz?
Que dizer dá que também não se alimenta?
Com quem falar do frio sem roupa que esquenta?

Desde a lata d'água na cabeça
Até a subida no morro
Bem como a bala perdida
E sem dívida, levar um soco no estômago.

Acaso me quebrasse em prantos,
Alguém recolheria os meus pedaços?
Da imagem esquecida e pálida,
Onde puseram o meu retrato?

Será que morrerei nas páginas de um jornal antigo?
Ou serei enterrado às mínguas sem nome e destino?
Onde anda o político em que não votei, mas foi eleito?
Será que sem CPF ou registro alguém que nasce tem direito?
Somos apenas números?

# Poesia não tem pálpebra

Quando a poesia decidiu não se calar
Abriram-se os olhos de quem não via.
Palavras foram ouvidas
Por ouvidos que não eram surdos,
Escondidas sobre as pálpebras
De humanos cegos e mudos...
Até que veio a poesia.
É que quando o poeta fala,
Contando, declamando ou escrevendo,
Há um misto de ódio e amor
Naquilo que vai tecendo,
Pois experimentando aquilo que foi dito
Analisa os fatos,
vive o não predito,
Mas talvez seja a função dele fazer-nos ver
Mais e melhor.
E se a poesia não se cala,
É mais importante o que escreve ou o que fala?
Silenciamos vozes das minorias
Ou defenderemos essa batalha em favor da vida?
Humanidade assim resumida...

Seria de efeito causa e razão?
A sensibilidade e escrita,
Quando nos encontram na emoção?
Conduzem-nos para mais perto da redenção,
Pois quem cerra não é a poesia, nem talvez o poeta.
Então, abrem-se os olhos de quem lê.

- editoraletramento
- editoraletramento.com.br
- editoraletramento
- company/grupoeditorialletramento
- grupoletramento
- contato@editoraletramento.com.br

- editoracasadodireito.com
- casadodireitoed
- casadodireito